APRENDIZ DE FILOSOFÍA

ANA ISABEL
GARCÍA VÁZQUEZ

APRENDIZ DE FILOSOFÍA

ILUSTRACIONES
CELESTE MÜR

ALFAGUARA

El papel utilizado para la impresión de este libro ha sido fabricado a partir de madera procedente de bosques y plantaciones gestionadas con los más altos estándares ambientales, garantizando una explotación de los recursos sostenible con el medio ambiente y beneficiosa para las personas.

Aprendiz de filosofía

Primera edición en España: octubre, 2022
Primera edición en México: enero, 2025

D. R. © 2022, Ana Isabel García Vázquez

D. R. © 2022, Penguin Random House Grupo Editorial, S. A. U.
Travessera de Gràcia, 47-49, 08021, Barcelona

D. R. © 2025, derechos de edición mundiales en lengua castellana:
Penguin Random House Grupo Editorial, S. A. de C. V.
Blvd. Miguel de Cervantes Saavedra núm. 301, 1er piso,
colonia Granada, alcaldía Miguel Hidalgo, C. P. 11520,
Ciudad de México

penguinlibros.com

D. R. © 2022, Celeste Mür, por las ilustraciones de interiores y de portada

Penguin Random House Grupo Editorial apoya la protección del *copyright*.
El *copyright* estimula la creatividad, defiende la diversidad en el ámbito de las ideas y el conocimiento, promueve la libre expresión y favorece una cultura viva. Gracias por comprar una edición autorizada de este libro y por respetar las leyes del Derecho de Autor y *copyright*. Al hacerlo está respaldando a los autores y permitiendo que PRHGE continúe publicando libros para todos los lectores.

Queda prohibido bajo las sanciones establecidas por las leyes escanear, reproducir total o parcialmente esta obra por cualquier medio o procedimiento así como la distribución de ejemplares mediante alquiler o préstamo público sin previa autorización.
Si necesita fotocopiar o escanear algún fragmento de esta obra diríjase a CemPro (Centro Mexicano de Protección y Fomento de los Derechos de Autor, https://cempro.org.mx).

ISBN: 978-607-385-344-6

Impreso en México – *Printed in Mexico*

*A Sofía, Damián y Rodol, por regalarme
una vida llena de Filosofía...*

ÍNDICE

INTRODUCCIÓN 13
EDAD ANTIGUA Y EDAD MEDIA 15

¿TE HACES PREGUNTAS?
TALES DE MILETO (624-546 a. C.) 16

¿HACES PREGUNTAS INCÓMODAS?
SÓCRATES (470-399 a. C.) 18

¿PUEDES SER FELIZ SIN SABER QUIÉN ERES?
ARISTÓTELES (384-322 a. C.) 20

¿TENER MUCHAS COSAS TE PUEDE IMPEDIR SER FELIZ?
HIPARQUIA DE MARONEA (350-310 a. C.) 22

¿SE PUEDE CUMPLIR TODO LO QUE DESEAS?
SÉNECA (4 a. C.-65 d. C.) 24

¿ESTÁS SEGURO DE QUE LO QUE PIENSAS ES VERDAD?
HIPATIA DE ALEJANDRÍA (¿360-415?) 26

¿CÓMO PUEDES CONOCER TAN BIEN EL MUNDO?

HILDEGARDA DE BINGEN (1098-1179) 28
EDAD MODERNA Y CONTEMPORÁNEA 31

¿PUEDES CONFIAR EN QUE LO QUE PIENSAS ES VERDAD?
DESCARTES (1596-1650) 32

Y SI NO TUVIÉRAMOS EDUCACIÓN, ¿QUÉ PASARÍA?
MARY ASTELL (1666-1731) 34

¿DEFENDERÍAS QUE OPINARA ALGUIEN QUE PIENSE DIFERENTE A TI?
VOLTAIRE (1694-1778) 36

¿SERÁ VERDAD TODO LO QUE DICE LA CIENCIA?
DAVID HUME (1711-1776) 38

¿Y ESTARÁ BIEN ESO QUE HACES?
IMMANUEL KANT (1724-1804) 40

¿POR QUÉ PARA ALGUNOS ES TAN FÁCIL ABUSAR DE LOS DEMÁS?
FLORA TRISTÁN (1803-1844) 42

¿Y SI FUERAS TU GRAN OBRA DE ARTE POR HACER?
FRIEDRICH NIETZSCHE (1844-1900) 44

SIGLO XX Y XXI 47

¿PUEDES CREER QUE ERES BUENA PERSONA AUNQUE ACTÚES MAL?
HANNAH ARENDT (1906-1975) 48

¿TIENE EL MISMO VALOR SER NIÑA QUE SER NIÑO?
SIMONE DE BEAUVOIR (1908-1986) 50

¿ACTUARÍAS CON JUSTICIA EN ALGO QUE TE AFECTE?
JOHN RAWLS (1921-2002) 52

¿QUÉ NOS AYUDARÍA A SER MÁS JUSTOS?
ADELA CORTINA (1947) 54

¿QUÉ HACEMOS ANTE LA VULNERABILIDAD?
MARTHA NUSSBAUM (1947) 56

¿SALVAMOS LA TIERRA O VIVIMOS EN LA REALIDAD VIRTUAL?
VANDANA SHIVA (1952) 58

INTRODUCCIÓN

¿Te has detenido a pensar por qué te salen tantas preguntas de la cabeza? ¿Has observado cómo los niños y las niñas suelen ser tan preguntones como tú? ¿Te has fijado en que hay algunas personas mayores que se preguntan tantas cosas como tú? ¿Y por qué será? Voy a contarte un secreto...

Seguro que sabes que hay espíritus navideños, esos que te atrapan una vez al año y te hacen cantar villancicos, que te llenan de ilusiones al ver unos cuantos focos encendidos en la calle y que te animan a irte a dormir temprano, aun teniendo un nudo en el estómago...

Existen otros espíritus que vienen en verano, ¿los recuerdas? Son esos que te inundan de una tranquilidad enorme. Hacen que te despiertes más tarde de lo habitual y que las horas del día se estiren y estiren como chicles, dejándote un estupendo sabor a libertad...

Y luego, hay un espíritu muy especial que siempre ha estado y siempre estará en nuestra vida, aunque no nos percatemos: es el espíritu de la filosofía, ese que provoca que te hagas muchas preguntas, que te empuja a mirar el mundo con asombro y extrañeza, que te abre las orejas como si fueran dos grandes portones...

De la historia de este espíritu trata este libro: de cómo ha jugado a hacer brillar a las personas para que pudieran ver el mundo desde todas las formas posibles y comprenderlo así con mayor profundidad y admiración.

Soy la lechuza Minerva y estoy aquí para acompañarte en esta aventura, ¿comenzamos? ¡Vamos! Abre tus ojos tan grandes como lo hacemos las lechuzas y... ¡emprendamos el vuelo!

EDAD ANTIGUA Y EDAD MEDIA

¿TE HACES PREGUNTAS?

¿Te has preguntado alguna vez cuál es el origen de todo? No de la manzana que te comes o del árbol que observas, sino de TODO, incluso más allá de lo que nuestros ojos pueden alcanzar a ver. ¿Te has cuestionado si existe Dios? ¿En algún momento has pensado qué significa ser un humano? ¿Y cómo se puede lograr la felicidad? Me parece que vamos a tener que visitar a Tales de Mileto, el filósofo occidental más antiguo que conocemos. ¡Alcemos el vuelo!

TALES DE MILETO

Tales (624-546 a. C.) nació en Mileto, una ciudad griega al lado del mar. Su ciudad estaba cerca del Imperio persa, con gente tan diferente a los griegos que quizá por eso Tales comenzó a cuestionarse cosas aceptadas como verdades hasta entonces. Era filósofo, matemático, físico y astrónomo: le gustaba tanto observar el cielo que cuenta la leyenda que cayó en un pozo por andar mirando las estrellas…

Debo reconocer que tuve suerte de nacer donde nací, porque solo necesité seguir las huellas de mi época para terminar **preguntándome cosas que antes habían sido impensables**. Quizá tengas en mente alguna verdad que no puedas ni cuestionarte, como que todo el mundo aprende a silbar. Sin embargo, si conocieras a alguien que nunca ha conseguido hacerlo, ¿verdad que empezarías a dudar de esa verdad tan obvia?

Me gustaba esperar en el puerto a que regresaran los barcos para que me contaran cómo eran en realidad las tierras lejanas. Descubrí que en distintos lugares había grandes diferencias en la manera de ver el mundo. Así es que **comencé a dudar de lo que era verdad,** por lo menos de lo que tenía que ver con la naturaleza, los astros y el origen de todo.

Fíjate que cuando hacía esto me entraban una **curiosidad** y un **asombro** ante la realidad impresionantes. Y esto me empujaba a pasar los días **observando** y tratando de **describir** con la mayor precisión y detalle posibles el movimiento de los astros, la posición de las estrellas, intentando **explicar** y **predecir** todos estos movimientos.

Y gracias a esto, a tratar de ir más allá de lo que nos dicen, a intentar acercarme un poco más a las **verdades basadas en hechos y no en la tradición**, incluso logré predecir un eclipse de sol. Imagina la sorpresa de mi gente. Se podía pensar que era magia, pero ¡¡no!! Fue solo **fruto de pensar de manera crítica**.

Hubo más personas que empezaron a hacer lo mismo que yo. Podrás imaginar que cada uno creía que su verdad era la correcta y que nos peleábamos, pero nada más lejos de la realidad. Teníamos claro que aquellas verdades eran así «por el momento», hasta que otra persona las analizara, lograra descubrir algo nuevo de la realidad y nos demostrara los errores de nuestra teoría. Por eso, **animar a la gente a criticar, esto es, a decir con lo que están de acuerdo y en desacuerdo con nosotros, dando razones, y poner a prueba nuestras propuestas** nos encantaba.

1.- ¿Así es que tengo que buscar pruebas para saber cuál es el origen del universo?

2.- Y si mis conocimientos no son suficientes para comprobarlo, ¿qué puedo hacer?

3.- ¿Hay otras formas de conocer la realidad además de a través de los sentidos?

4.- Creo que todo esto es muy interesante. Me recuerda a una sensación, ¡ay! ¿cuál puede ser?

¿HACES PREGUNTAS INCÓMODAS?

¿Te ha pasado alguna vez que lanzas una pregunta y nadie sabe responderla? ¿Has visto en algún momento una cara de sorpresa ante una cuestión tuya? ¿Te han llegado a decir personas muy sabias eso de «no tengo ni idea»? Entonces seguro que te va a gustar conocer a Sócrates, ¿te atreves? ¡Alcemos el vuelo!

SÓCRATES

Sócrates (470-399 a. C.) fue un filósofo que vivió durante la época de esplendor de Grecia, lo que facilitó que dedicara su vida a deambular por las calles dialogando con la gente. Sin embargo, sus preguntas eran tan incómodas que sus enemigos lograron que se le condenara a muerte. Aceptó el castigo y él mismo se bebió la cicuta, un veneno letal, porque pensaba que ir en contra de la ley y ponerla en peligro sería peor para su ciudad que seguirla aunque fuera injusta.

A lo largo de mi vida me he dado cuenta de que una de las cosas que más pueden temer las personas es escuchar **preguntas poderosas** de boca de alguien que no va a olvidarlas una vez que las lanza, porque realmente quiere conocer la respuesta. Seguro que sabes cómo son: son esas preguntas curiosas, preguntas clarificadoras, preguntas problemáticas, preguntas profundizadoras, preguntas radicales. No es que yo quiera incomodar a la gente molestando porque sí. Ni tampoco es que yo lo sepa todo, más bien al contrario. Por eso me gustaba decir eso de «**Solo sé que no sé nada**», aunque resulta que justamente por esa razón la pitonisa del oráculo de Delfos me nombró el «hombre más sabio de Grecia», algo que nunca entendí...

En realidad, me encanta hacer preguntas porque sé que las personas **guardan la verdad en su interior aunque no lo sepan.** Como si fuera una escultura de mármol que va apareciendo según el escultor va tallándola, la verdad en las personas surge cuando van respondiendo a las preguntas que les regalo.

Amo el conocimiento, creo que no hay nada más valioso. ¿Que por qué es tan importante conocer? Porque nos jugamos nuestra felicidad en ello. Solo si conocemos la verdad, podremos saber entonces distinguir entre lo que está bien y lo que está mal. ¿Verdad que **la vida sería maravillosamente feliz si supieras siempre cómo actuar bien**?

Pues por ello me parece tan importante ayudar a la gente a llegar a la verdad, animándolos a ser valientes. Y, claro, las preguntas son imprescindibles en esa tarea. Algunas veces es confuso lo que quieren decir, y yo, **en vez de dejar de escuchar, les sigo preguntando para aclararme.** Otras veces ocurre que dicen que saben algo, pero no tienen ni idea, así que les **pregunto por los problemas** que veo en lo que dicen para que se den cuenta de su error. De esta forma **vamos profundizando hasta la raíz** de la cuestión y, ¿sabes qué?, hay veces en que nos encontramos con que no tenían razones para pensar lo que pensaban, y es entonces cuando sucede algo mágico: su curiosidad aparece y empiezan a buscar la verdad.

1.- ¿Será que mi mamá no tenía respuesta para mi pregunta?

2.- Si la verdad está dentro de mí, ¿eso significa que ya lo sé todo?

3.- Y si algo antes era de una forma y luego es de otra, ¿también la verdad que tengo dentro de mí cambiará?

4.- Si las preguntas tuvieran un sabor, ¿a qué me sabría una pregunta que me hace llegar a la verdad?

¿PUEDES SER FELIZ SIN SABER QUIÉN ERES?

¿En algún momento has tenido claro lo que no te gustaba hacer, pero no sabías lo que sí te gustaba? ¿Te ha sucedido alguna vez que lo que te hacía feliz a ti también hacía felices a otras personas? ¿Te has preguntado si hay cosas que te pueden hacer más feliz que otras? Aristóteles seguro que nos puede echar una mano con esto, ¿le preguntamos? ¡Alcemos el vuelo!

ARISTÓTELES

Aristóteles (384-322 a. C.) fue filósofo, discípulo de Platón durante veinte años y más tarde maestro y asesor del emperador Alejandro Magno. En la Academia de Platón, lo llamaban el Lector de tanto que leía. Quizá por todas estas cosas y porque nació en una familia de médicos, tuvo esa gran curiosidad, rigurosidad científica y sabiduría que muestra tanto en la diversidad como en la amplitud de su obra.

A mí me parece que para saber cómo ser felices, lo primero que tenemos que hacer es **observarnos** para conocernos bien, así podremos llegar a saber qué nos conviene más para sentirnos plenamente felices.

¿MÁXIMA FELICIDAD?

Claro que cada persona tiene gustos diferentes. Si no te conoces, ¡cómo podrás darte aquello que más te gusta y además te hace feliz! Pero la mayor felicidad posible para mí no viene de esos placeres del cuerpo que varían según cada uno. **La máxima felicidad viene de aquello que tenemos en común todas las personas**.

Y ¿qué es lo que nos caracteriza a los seres humanos? **Somos seres que pensamos**, esto es lo que nos diferencia del resto de seres vivos. Es cierto que compartimos otras cosas con el resto de seres, pero pensar solo lo hacemos nosotros.

Y si podemos pensar, te preguntarás ¿por qué no es feliz todo el mundo? La respuesta es sencilla: **no hacemos todo lo que podemos hacer**. A mí me gusta decir que hay cosas que podemos hacer potencialmente, pero, en la realidad, luego no las hacemos. ¿Por qué? Hay varias razones que impiden que podamos estar mucho tiempo disfrutando del gozo de pensar: que nos dejemos llevar por nuestros deseos, como comernos un helado, recostarnos en la cama o subirnos a la montaña rusa; que haya que dormir, que estemos trabajando (excepto los filósofos, que por suerte trabajamos justamente pensando...).

Pero, cuidado, si quieres llegar a la **máxima felicidad** posible, no solo tienes que pensar mucho, sino **pensar de la manera más virtuosa posible**. Te dejo algunas pistas de cómo lograr esa excelencia: busca las razones de por qué piensas algo, compruébalo en la realidad, habla con más personas para que te digan si están o no de acuerdo y, sobre todo, usa tu capacidad de pensar para que te ayude a acercarte un poco más a la verdad, nunca para entorpecerte y no permitirte avanzar.

1.- Entonces, si los dos jugamos a pensar, ¿podemos pasar un rato muy feliz?
2.- ¿Las personas somos los únicos seres vivos que podemos pensar?
3.- ¿Qué me da más felicidad? ¿Lo que a todo el mundo le hace feliz o lo que a mí me caracteriza, como, por ejemplo, desarrollar mis talentos?
4.- Esto de pensar es como si en mi cabeza mis neuronas estuvieran... ¿haciendo qué actividad?

¿TENER MUCHAS COSAS TE PUEDE IMPEDIR SER FELIZ?

¿Te ha pasado que sientes mucha tristeza por no conseguir alguna cosa nueva, aunque tengas muchas otras? ¿Has pensado que posees tantas cosas que no puedes disfrutar bien de todo? ¿Alguna vez has estado feliz como una lombriz sin tener prácticamente nada? Este es un caso evidente para la escuela de cínicos; creo que te voy a presentar a una de ellos… ¡Alcemos el vuelo!

HIPARQUIA DE MARONEA

Hiparquia de Maronea (350-310 a. C.) vivió en unos momentos políticos y sociales muy complicados; tanto que el tema más importante de muchas escuelas filosóficas era la felicidad. Aunque ella nació en una familia rica y contaba con todo tipo de facilidades, le pareció que la clave para ser feliz no era tener tanto, sino la libertad, la sencillez y el conocimiento. Así que eligió vivir en la calle de la manera más austera posible para sentirse dueña de su propia vida.

22

Lograr la felicidad, para las personas cínicas como yo, es más fácil de lo que crees. Tan solo hay que fijarse en **qué es lo que necesitamos para vivir**. ¿Realmente hacen falta tantos vasos si podemos beber directamente de la fuente?

Me podrás decir que necesitamos muchas cosas para estar más cómodos, y que esto nos hace más felices, pero no estoy de acuerdo contigo. Las posesiones nos encadenan de muchas maneras: hay que cuidar las cosas que tenemos, como guardar los juguetes y evitar que se pierdan; también tenemos que trabajar mucho para ganar el dinero con el que podremos comprarlas; hay cosas que hasta requieren de otras: para tener una cama, necesitamos una casa; o para que el refrigerador funcione, necesitamos electricidad. Como ves, tener algo obliga a gastar tiempo y dinero en ello, por eso nosotros preferimos tener lo esencial y **vivir con austeridad.**

Los cínicos vivíamos en la calle, sin prácticamente nada. Bueno, en realidad, lo teníamos todo, todo lo necesario para vivir y depender de cada uno de nosotros mismos. **Ser autosuficientes y no depender de casi nada o nadie nos daba una libertad incomparable** con la que tienen las personas supuestamente ricas.

Vivir así puede que fuera una mala vida para otros, pero para nosotros era la mejor, porque hacíamos lo que realmente nos apasionaba: **buscar el conocimiento**, descubrir la verdad de las cosas. ¿Recuerdas la última vez que aprendiste algo que te fascinó y la felicidad que sentiste entonces?

Los cínicos, como ves, somos personas a quienes nos gusta ser lo más naturales posible. ¿Necesita un águila tanto para vivir? ¿Y una ardilla? Volver a **cómo la naturaleza se comporta** nos ayuda a saber qué es lo que tenemos que hacer.

No pienses que con todo esto nos volvemos salvajes y egoístas, ¡para nada! De hecho, te sorprendería la ternura, compasión y solidaridad que podemos llegar a sentir por la gente más vulnerable y necesitada. Quizá porque hemos descubierto que **lo más esencial en la vida no es lo que se tiene, sino lo que decidimos ser.**

PREGÚNTATE ¿Y POR QUÉ?

1.- ¿Tener muchas cosas me hace feliz?
2.- ¿Qué mínimo de cosas necesitaría entonces para ser feliz?
3.- Si necesito a otras personas para vivir, ¿soy menos feliz?
4.- Todo esto me suena a una música que a ver si recuerdo, ¿cómo sería?

23

¿SE PUEDE CUMPLIR TODO LO QUE DESEAS?

¿Te has enojado mucho alguna vez? ¿Tanto que no podías ni pensar? ¿Has sentido que era injusto que las cosas no sucedieran como tú querías? ¿Te ha venido a la cabeza alguna vez que el mundo va por un lado, queriendo algo diferente a lo que tú deseas? Mmm, todo esto me recuerda mucho al estoicismo. ¿Quieres conocer a un estoico? ¡Alcemos el vuelo!

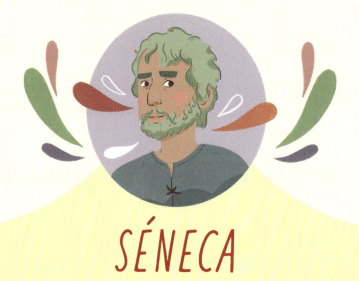

SÉNECA

Séneca (Córdoba 4 a. C.-Roma 65 d. C.) siempre tuvo una salud muy delicada, lo que, unido a la época complicada en la que vivió, seguramente provocó que encontrara en el estoicismo la propuesta ideal para vivir en paz. Fue condenado a muerte tres veces, la última por quien había sido su alumno, el emperador Nerón, al pensar que lo había traicionado.

Para el estoicismo, lo primero que hay que hacer es **comprender cómo es la realidad** para luego adecuar nuestro comportamiento a ella y así lograr la ataraxia (paz interior) que nos permitirá **ser felices**. No es tan fácil. Nos engañamos con lo que nos gustaría que fuera, y el reto está en aceptarla tal cual es y dejar de luchar contra ella.

También hay que aprender a **gobernar nuestras pasiones**, es decir, controlar todas esas emociones que nos impiden pensar, como la ira. Cuando sientes que te poseen las emociones en vez de tú a ellas, estás ante una pasión. Y esto nos quita libertad, además de hacernos luchar con la realidad y, ya sabes, esto nos hace estar mal porque nos provoca sufrimiento.

Los estoicos descubrimos que **nuestros sentimientos están determinados por lo que pensamos,** es decir, que si piensas que algo es horrible, vas a sentir algo desagradable. Pero si piensas que es maravilloso, sentirás una emoción agradable. Y aquí está una de las claves para controlarnos: aprender a transformar nuestros pensamientos.

Las emociones se disparan también cuando deseamos cosas que no podemos conseguir. Por eso es tan importante la **dicotomía del control**, es decir, saber distinguir entre lo que depende de nosotros y lo que no. Por ejemplo, tener un oído de murciélago no depende de mí; si deseo tenerlo, voy a sufrir innecesariamente porque no lo puedo lograr.

Todo esto requiere de mucha **disciplina**, por eso todos los días los estoicos nos ponemos tareas para estar en forma mentalmente y hacer todo esto con naturalidad. Uno de los entrenamientos que nos encanta hacer son las **premeditaciones**, es decir, reflexionar sobre algo malo que puede pasar, para estar preparados si sucede. Por ejemplo, podemos premeditar qué nos puede salir mal durante el día. ¡Y por qué no! Puedes pensar alguna alternativa para solucionarlo por si llega a pasar.

1.- No depende de mí conseguir la moneda que se me cayó, ¿sentí ira entonces porque estaba luchando contra la realidad?
2.- ¿Puede haber cosas que no dependan de mí, pero que puedan llegar a hacerlo si trabajo mucho o aprendo mucho?
3.- Si gobierno mis pasiones, ¿podría acabar siendo insensible?
4.- Todo esto huele tan extraño, ¿qué olor describiría mejor lo que siento?

¿ESTÁS SEGURO DE QUE LO QUE PIENSAS ES VERDAD?

¿Te ha pasado alguna vez que alguien te dijera que no era verdad lo que pensabas, y tú te negaras a escucharlo? ¿Has visto a alguien que seguía manteniendo su opinión pese a que le demostraras que estaba equivocado? Si una persona mayor te dice algo, ¿es verdad siempre y no hay que dudar? Creo que vamos a tener que visitar a Hipatia de Alejandría… ¡Alcemos el vuelo!

HIPATIA DE ALEJANDRÍA

Hipatia (¿360-415?) fue filósofa, profesora, consejera de altos cargos, astrónoma, matemática, incluso inventora (del astrolabio, del hidrómetro…). Vivió una época de gran confrontación religiosa y, de hecho, aunque tenía tanto alumnos paganos como cristianos, fue asesinada por unos cristianos extremistas después de que quemaran la Biblioteca de Alejandría. Desde entonces se convirtió en nuestra musa de la filosofía y la guardiana del pensamiento clásico.

Yo soy de las que cree que hay que **defender siempre el derecho a pensar,** porque pensar de forma errónea es mejor que no pensar. Así que en mis clases animaba a mis estudiantes a no quedarse callados, a que no aceptaran todo lo que yo decía, por mucha autoridad que creyeran que tuviera.

Al igual que quería que usaran la cabeza y reflexionaran, también los retaba a dar argumentos. Porque pensar no es solo decir lo primero que nos pasa por la cabeza: **pensar es buscar evidencias y exponer al resto de personas las pruebas** que tenemos para afirmar algo.

A mí me encantaba contar en mis clases con gente diferente, con maneras de pensar incluso contrarias. Escucharlas, comprenderlas, dar con razones que mostraran sus errores y los míos me parecía un juego apasionante y necesario para acercarme un pasito más a la verdad. Esto no siempre agrada a todo el mundo: hay personas a quienes les cuesta mucho dialogar con otras si no son como ellas. Pero yo estoy convencida de que en ese **enfrentamiento** es donde **podemos aprender más**.

Y es que resulta que **hay huellas en el mundo que, si sabemos seguirlas, pueden conducirnos a la verdad**. O al menos eso es lo que yo experimenté al observar tanto el cielo. ¿Sabes lo que descubrí? ¡Que el Sol, y no la Tierra, era el centro del universo!

Me di cuenta de que no siempre era verdad lo que nos habían contado nuestros papás y mamás, las personas sabias y los libros. Porque **las personas con autoridad también se equivocan**.

Y por eso es importante seguir buscando la verdad, poniendo en duda lo que pensamos, investigando y escuchando al resto de personas, porque puede que haya que cambiar de opinión; **mantener una idea si sé que es errónea es peor que cambiar de opinión**.

1.- ¿Qué pruebas tengo de que las nubes son realmente de algodón?
2.- ¿Cómo puedo conseguir averiguar la verdad sobre las nubes?
3.- ¿Puede ser que las pruebas que tengo me conduzcan a conclusiones falsas?
4.- Esto parece que necesita de más tiempo para que lo piense, tanto tiempo como el que necesito para hacer ¿qué otra cosa?

¿CÓMO PUEDES CONOCER TAN BIEN EL MUNDO?

¿Alguna vez has pensado que conocías bien algo, y otra persona te ha mostrado una parte que no veías? ¿O que por más que intentabas describir una realidad, intuías que te faltaban cosas por explicar? ¿Recuerdas si alguna vez te han explicado algo, por ejemplo, qué son los sueños, y te pareció que no se estaban fijando en lo más importante? ¡Es tiempo de conocer a Hildegarda de Bingen! ¡Alcemos el vuelo!

HILDEGARDA DE BINGEN

Hildegarda de Bingen (1098-1179) amaba tanto el conocimiento que fue filósofa, teóloga, poetisa, experta en remedios, médica (del cuerpo y del alma, decía ella...), compositora de música y mucho más. Por todo esto fue una persona muy influyente en su época y hasta fue nombrada hace poco doctora de la Iglesia, título que solo ostentan 35 personas por el momento.

Mira que puede haber **formas de conocer algo**. Para mí siempre estuvo muy claro. Me di cuenta de que el mar no es solo su olor. O que las hierbas medicinales no son solo su peso en una báscula.

Hay gente que piensa que las cosas son solo aquello que vemos con los ojos y que podemos medir de alguna forma. Pero ¿cómo reducir una flor a un conjunto de colores o de medidas, como el peso? ¿Una sonrisa solo es una pequeña apertura que produce la boca? ¿Y qué me dices de una caricia? Para mí, la realidad no se puede conocer solamente **a través de sus aspectos cuantificables**.

Nos podemos acercar a todo lo que la vida tiene mirando también cómo son esas cosas. ¿El abrazo de mi mejor amigo es igual que el abrazo que me da mi hermana? Habrá abrazos más cálidos, otros más asfixiantes y, ¡ay!, ¡aquel abrazo tan comprensivo! Por esto, pienso que también podemos conocer la realidad **a través de las cualidades**.

Y, además de observar y experimentar para conocer la realidad, podemos hacer otras cosas. Por ejemplo, **a través de la música** yo conozco mejor a Dios. Puede que sea en parte porque creo, y al crear me conecto con el ser más creador, que yo que soy creyente pienso que es Dios. O puede que sea porque la música es un lenguaje universal que conecta con todos los seres que existen. Es increíble cómo una simple melodía nos lleva a un grupo de personas a sentir la misma emoción. Pienso que quizá es porque la música te lleva a otros mundos, más allá de lo observable, y en ese viaje siento que estoy conectada con algo que no soy yo, que es mucho más que yo.

Pero la manera de conocer la realidad que más te va a sorprender es la que te voy a contar ahora. Desde muy pequeña veía cosas que otras personas no veían: desde imágenes a mensajes que me venían a la cabeza. Ahora sé que a lo largo de la historia ha habido muchas personas como yo. Hay gente que lo llama visiones y otras personas dicen que son intuiciones. Sea una cosa o sea otra, esta era otra de las grandes fuentes de conocimiento para mí: **ver más allá de lo visible**.

PREGÚNTATE ¿Y POR QUÉ?

1.- Y si experimento y creo otras formas para conocer el perro, ¿descubriré aspectos diferentes de él?
2.- ¿Alguna vez veremos cómo es la realidad de manera completa?
3.- ¿Cómo sé si puedo confiar en aquello que veo, si no todo el mundo lo ve?
4.- Me quedé medio mareada con toda esta información, si tuviera que mostrar cómo estoy, ¿qué escultura podría hacer con mi cuerpo que lo reflejara mejor?

EDAD MODERNA Y CONTEMPORÁNEA

¿PUEDES CONFIAR EN QUE LO QUE PIENSAS ES VERDAD?

¿Has llegado a pensar que algo es verdadero, pero después te has dado cuenta de que era falso? ¿En algún momento has sentido que no sabías si lo que estabas viviendo era un sueño o era realidad? ¿Alguna vez te han contado algo como verdadero, pero luego te han dicho que ya no era así? Mmm, tendremos que recurrir a Descartes, él nos podrá dar alguna pista sobre todo esto… ¡Alcemos el vuelo!

DESCARTES

Descartes (1596-1650) fue filósofo, matemático y científico. Pese a su amplia formación, se alistó en el ejército porque no encontraba la utilidad de lo aprendido. Allí tuvo una revelación que lo hizo darle un giro completo a su vida. Esto, junto con la inquietud de la época por encontrar conocimientos verdaderos y el fallecimiento de su hija de cinco años, marcó profundamente su forma de pensar.

Como creador de la ciencia y filosofía modernas que dicen que fui, te podrás imaginar que, para resolver todas estas dudas, lo primero que hice fue **pensar en un método** con el que supiera que nunca me iba a equivocar.

Este método consiste en poner en duda todo, descomponiendo la realidad en las partes más pequeñas posibles, hasta dar con algo que fuera evidente y de lo que no pudiera dudar, para luego volver a componerlo como si fuera un rompecabezas. Eso sí, revisando cada paso que daba para evitar los errores que muchas veces cometemos cuando pensamos. La exactitud de usar un método me ayudó a estar muy seguro de que **no aceptaba nada como verdadero** solo porque me hubieran dicho que era así o porque yo lo hubiera creído descubrir.

Pero cuidado con esto de **dudar de todo**. No es como lo hacen los escépticos, que dudan hasta de que existen, sino más como un juego mental para comprobar si hay alguna verdad que resista a este gran terremoto de la duda. Cuando acabas de hacerlo, sigues con tu vida tranquilamente, aunque aún no tengas algunas cosas claras.

¿Sabes de qué me di cuenta? De que podía dudar de lo que me decían mis sentidos. Porque hay veces que nos engañan, como cuando veo el cielo y lo percibo como si fuera una enorme tela pintada. Podía hasta dudar de cómo me llamaba, imaginando que algún duendecillo se podía meter en mi cabeza y hacerme alguna jugarreta. Pero entonces caí en la cuenta de que **estaba dudando.** Si dudaba de tener dudas, ¡entonces estaba dudando!

Y así llegué a mi primera verdad completamente confiable: que soy algo que duda, esto es, que piensa. Esto **era evidente, es decir, claro y distinto.** Como cuando tienes la seguridad de que una mesa es una mesa porque ves con claridad que lo es y porque puedes distinguir la mesa de otras cosas que hay alrededor que no lo son, como una silla o tu libreta de apuntes. Desde entonces entendí que todo lo que fuera evidente, sería también verdadero.

1.- Si lo que me contó Sofía sobre la Tierra fue confuso para mí, entonces ¿quiere decir que es falso?

2.- ¿Puede haber cosas evidentes en un momento de la vida que no lo sean en otro?

3.- ¿Hay otras maneras de saber si algo es verdadero?

4.- Esto de saber qué manera de conocer es más confiable me resulta un reto, como cuando tengo que responder a ¿qué más preguntas?

Y SI NO TUVIÉRAMOS EDUCACIÓN, ¿QUÉ PASARÍA?

¿Alguna vez has conocido a alguna persona que no supiera hacer algo que a ti te parecía muy fácil? ¿Has llegado a pensar que no es capaz de hacerlo? ¿Te ha pasado que alguien te dijera que no puedes hacer algo sin dejarte siquiera intentarlo? Hay alguien que me parece que nos puede dar alguna respuesta: Mary Astell. ¿Nos vamos a conocerla? ¡Alcemos el vuelo!

MARY ASTELL

Mary Astell (1666-1731) fue filósofa y escritora. Aunque en su época la mujer era considerada un ser inferior, en su casa pudo aprender a leer y escribir, y su tío le dio el regalo de una extensa educación. Quizá por ello dedicó su vida a defender la igualdad, independencia y libertad de las mujeres, denunciando la situación y generando espacios de apoyo mutuo entre ellas.

Sé perfectamente lo que es que la gente piense que no puedes hacer algo solamente porque no te han visto hacerlo o porque te sale mal. Yo lo viví desde pequeña, cuando a las mujeres se nos decía que no podíamos pensar, que no sabíamos nada. Decían que esto era porque **las mujeres éramos inferiores a los hombres**.

Lo que siempre me ha sorprendido es por qué no se preguntaban si esto era así realmente o si pasaba algo que no nos dejaba crecer como a los hombres. Yo me lo cuestioné. Me di cuenta de que a las mujeres a las que nos dejaban aprender hacíamos muy bien esto de pensar. Al menos tan bien como a los hombres que hubieran aprendido lo mismo que nosotras. Y entonces lo vi claro: **las mujeres también podemos pensar si se nos da acceso a la educación**.

Aunque te parezca muy evidente ahora, no lo fue durante mucho tiempo. Logré demostrarlo gracias a que fui un poco más allá de lo que afirmó Descartes. Pensé que, si hay una parte de nosotros que es la que piensa, y esa parte es igual en todos los seres humanos, eso quiere decir que las mujeres también pensamos. **Es una capacidad común a todos los seres humanos.** Y si esto es así, habrá que ayudar a que todo el mundo pueda desarrollarla con la educación.

También me percaté de que **el conocimiento nos hace más libres**. Gracias a que aprendemos muchas cosas, podemos comprender mejor nuestro mundo, podemos pensar mejor, podemos decidir mejor y podemos, por lo tanto, elegir mejor lo que queremos en nuestra vida. Si no sabemos, tenemos que dejar que otras personas decidan por nosotros, y esto al final nos va haciendo más pequeños poco a poco.

¡PUEDO SER LO QUE QUIERA!

Y ¿sabes qué? Además de hacernos más libres, **el conocimiento es una fuente inagotable de placer**...

PREGÚNTATE ¿Y POR QUÉ?

1.- Entonces, ¿la abuela podría hacer muchas más cosas si hubiera podido ir a la escuela más tiempo?

2.- Y si todas las personas podemos pensar, ¿por qué pensamos diferente?

3.- ¿Seré más libre entre más cosas sepa?

4.- Si todo esto del placer de conocer me recordara a una textura, ¿cuál sería?

35

¿DEFENDERÍAS QUE OPINARA ALGUIEN QUE PIENSE DIFERENTE A TI?

¿Alguien se ha enojado contigo porque pensabas diferente a él? ¿En algún momento te han impedido que hablaras porque sabían que ibas a llevarles la contraria? ¿Has observado alguna vez a personas que se dejaran de hablar o incluso llegaran a lastimarse, con insultos o pegándose, por no estar de acuerdo? Conozco a un filósofo que sabe mucho de esto… ¿Visitamos a Voltaire? ¡Alcemos el vuelo!

VOLTAIRE

Voltaire (1694-1778) fue un filósofo, escritor, historiador y abogado. En él se ve un perfecto diálogo entre lo que vivió (consecuencias muy negativas por pensar y vivir como lo hizo: desde encarcelamientos hasta destierros), lo que ocurría en su época (una gran intolerancia y mucho sufrimiento por catástrofes naturales y crímenes humanos), lo que escribía (obras teatrales, filosóficas…) y su propia filosofía.

Me encanta observar y conocer el mundo que me rodea: es fascinante descubrir cómo son la realidad y las personas. ¿No crees? Mucha gente de mi época pensaba que los seres humanos éramos creaciones de Dios, quien tenía además un plan para nosotros. Todo lo que pasaba era debido a ese guion que había escrito él. Pero a mí algo no me cuadraba y me pregunté: **¿tanta maldad y tanto dolor pueden ser fruto de un ser tan perfecto?**

Mi respuesta fue que no. Que Dios nos creó, pero que todo lo que ocurre desde entonces no responde a ninguna verdad absoluta y divina: es debido o a cómo funciona la propia naturaleza, como en el caso de los terremotos, o a cómo elegimos comportarnos los seres humanos. **Y los seres humanos podemos ser muy buenos o ser muy malos.**

¿Qué hace que nos comportemos de una forma o de otra? Estoy convencido de que hay dos elementos fundamentales: uno es que nos demos cuenta de que los **seres humanos somos imperfectos, que nadie posee la verdad y que todos podemos equivocarnos.** Si logras darte cuenta de esto, luego te será difícil enojarte con alguien que crees que se equivoca, porque ¿quién no ha estado equivocado alguna vez? ¿Quién me asegura que yo mismo no lo estoy ahora?

El otro de los elementos importantes es el uso que le demos a **nuestra herramienta más maravillosa: la razón.** Si pensamos, si no nos dejamos llevar por las emociones, por lo que nos diga el resto, por pensamientos que no se fundamentan en los hechos, por pensamientos creados con nuestra imaginación, etc., entonces considero que dejaremos de pensar que tenemos la razón y que debemos convencer al resto y, si no cambian de opinión, obligarlos a ello o negarles la palabra.

Así es como puede surgir **la tolerancia. Yo siempre te defenderé para que pienses, aunque no esté de acuerdo contigo.**

1.- ¿Sofía se enojó conmigo por no pararse a pensar?
2.- ¿Toda opinión entonces tendría que ser respetada?
3.- Si todo el mundo fuera tolerante, ¿lograríamos la paz para siempre?
4.- Esto de que la razón es tan poderosa como para lograr solucionar los problemas me recuerda a un héroe o a una heroína, ¿cuál sería?

¿SERÁ VERDAD TODO LO QUE DICE LA CIENCIA?

¿Alguna vez estuviste seguro de que algo iba a ocurrir, pero luego no pasó? ¿Has escuchado que incluso los científicos se han equivocado con sus predicciones? ¿En algún momento te has dado cuenta de que lo que tú observabas no correspondía con lo que te contaban personas muy sabias? Conozco a un filósofo que puede arrojar algo de luz a todo esto. ¿Nos vamos a conocer a Hume? ¡Alcemos el vuelo!

DAVID HUME

David Hume (1711-1776) fue abogado debido a los deseos de su familia y por pasión propia fue filósofo, escritor e historiador; tal fue su entrega desmedida, que tuvo que ser tratado por depresión durante un tiempo. Intentó ser profesor universitario, pero no lo logró por su reputación de escéptico y ateo. Ocupó diferentes cargos oficiales dentro y fuera de su país, lo que le permitió conocer a otros pensadores en persona.

Muchas veces me pasaba lo mismo que a ti: por ejemplo, pensaba cuando me despertaba cada mañana que también habría salido el sol. Pero me detuve a pensar si esto era un conocimiento verdadero y descubrí algo que me impactó: **nada de lo que observaba en ese momento me aseguraba que mañana fuera a salir el sol**.

Me dirás que si ya ocurrió, ocurrirá de nuevo. Pero **la fuerza de la costumbre no convierte algo en verdadero**. Que en invierno no nieve en la ciudad donde vives, no te asegura que siga pasando. Incluso más ahora con el cambio climático, cuando se esperan situaciones completamente nuevas e imprevisibles.

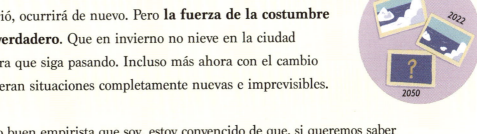

Como buen empirista que soy, estoy convencido de que, si queremos saber a ciencia cierta algo, tenemos que conocer qué es lo que nuestra razón realmente nos permite llegar a saber, para dejar de suponer. Y **el límite de lo que podemos conocer está en lo que experimentamos con nuestros sentidos en ese momento**. Esa es nuestra puerta de acceso a la realidad.

Es cierto que podemos conocer otras cosas, como que 2 + 2 son 4. Para esto no necesitamos percibir nada, solo con pensarlo nos basta. A esto yo lo llamo **verdades de razón**, que tampoco nos dicen nada de cómo funciona el mundo, están solo en nuestras cabezas.

Pero si lo que queremos es conocer la realidad, como lo hacen las ciencias naturales por ejemplo, llegar a las **verdades de hechos**, hay que parar en ese límite que tiene nuestra razón: no puede ir más allá de lo que experimentamos.

Eso no significa que lo que digan **las ciencias experimentales** sea falso, pero tampoco que sea verdadero. Podríamos decir que **lo que afirman es provisional**, siempre ha de estar comprobándose día tras día. Y esto, sinceramente, creo que nos hace darnos cuenta de que quizá no podemos conocerlo todo.

1.- ¿Esto quiere decir que hay cosas que solo puedo saber si las experimento en el momento, como si hace calor o no?

2.- Y entonces ¿cómo puede ser que la ciencia acierte tantas veces?

3.- ¿Que yo no pueda experimentar algo significa que no existe?

4.- Creo que voy a tener que poner mi cuerpo atento para captar mejor el mundo, ¿qué movimientos podría hacer con él para lograrlo?

¿Y ESTARÁ BIEN ESO QUE HACES?

¿Alguna vez has hecho algo sin tener muy claro si estaba bien o estaba mal? ¿Has observado en algún momento a alguien comportándose bien para conseguir alguna cosa a cambio? ¿Te has preguntado si al ser buenos dejamos de cuidarnos? ¿Te has planteado si hay mínimos que debamos tener en cuenta para asegurarnos de que estamos actuando bien? Me parece que llegó el momento de conocer a Kant. ¡Alcemos el vuelo!

IMMANUEL KANT

Immanuel Kant (1724-1804) fue filósofo, escritor y profesor. Era una persona muy metódica que dedicó su vida fundamentalmente a trabajar, estudiar y escribir. Era tan riguroso y estricto que en su localidad ponían la hora del reloj cuando él pasaba, porque sabían que no se retrasaba ni un minuto en hacer siempre el mismo recorrido todos los días.

Lo primero de todo, es importante **distinguir entre aquello que nos da placer y lo que está bien**. Seguro que has experimentado mucho placer con alguna cosa que resultaba estar mal. Como cuando pintas el sofá o las paredes de la casa y papá y mamá se terminan enojando contigo. Y también puede pasar que algo que esté bien no nos parezca agradable, como cuando ayudas a tu papá a cargar las bolsas del mandado, aunque lo que te gustaría es ponerte a saltar y correr de vuelta a casa.

Dicho esto, tenemos que pensar cómo saber si está bien algo, al margen de que nos provoque o no placer. Considero que si no podemos confiar en lo que sentimos para saber si una acción es correcta, tenemos que **guiarnos por la razón para distinguir el bien del mal**.

Claro está que diferenciar entre una cosa y la otra solo tiene sentido porque luego vamos a poder elegir entre una y otra. Es decir, que **los seres humanos además somos seres libres**, con la posibilidad de hacer el bien o de hacer el mal. Esto añade una responsabilidad a lo que hacemos.

Al pensar lo que estaría bien en cada situación que atravesamos y tener después que decidir en función de eso, logramos respetarnos como seres humanos, porque obedecemos lo que nosotros mismos consideramos lo mejor, no lo que otras personas dicen. Así respetamos al máximo nuestra dignidad, **convirtiéndonos en seres autónomos moralmente**.

Y como todos tenemos el mismo valor, la misma dignidad, como seres humanos, debemos actuar de manera que **todo el mundo sea tratado como un fin**, y no como un medio para cumplir nuestros objetivos.

HETERONOMÍA MORAL — AUTONOMÍA MORAL

PREGÚNTATE ¿Y POR QUÉ?

1.- ¿Le ofrecí el helado a mi mamá y a mi papá porque pensé que era lo correcto o para conseguir algo a cambio?

2.- ¿Cambiaría en algo lo que hice si pensara en tratarme a mí y al resto de las personas como un fin y no como una manera de lograr otras cosas?

3.- ¿Siempre podemos actuar con autonomía moral, decidiendo por nosotros mismos lo que está bien y lo que está mal?

4.- Esto de hacer lo que está bien después de haberlo decidido yo mismo me hace poner una cara, ¿cuál sería?

¿POR QUÉ PARA ALGUNOS ES TAN FÁCIL ABUSAR DE LOS DEMÁS?

¿Te ha pasado que alguien se negara a hacer un trabajo en clase, y el resto lo tuviera que hacer por él? ¿Has visto alguna vez cómo trataban mal a alguien solo por no tener dinero? ¿En algún momento has observado que se rechazara a alguna persona por ser en algo diferente al resto? Creo que te va a gustar conocer a Flora Tristán. ¡Alcemos el vuelo!

FLORA TRISTÁN

Flora Tristán (1803-1844) fue filósofa, escritora y trabajadora en una fábrica. Vivió la primera parte de su vida en situación de pobreza, fue explotada y sufrió discriminación por ser hija no reconocida, pobre, mujer, obrera y por estar separada del hombre que la maltrató. Después se dedicó a denunciar todo esto para cambiarlo a través de sus libros y de sus luchas sociales.

En mi vida supe lo que era **la explotación de las personas,** porque me hacían trabajar muchas horas, en malísimas condiciones, y no me pagaban casi nada de dinero. Lo justo para vivir mal. Y esto no solo me pasaba a mí, nos sucedía a todas aquellas personas que trabajábamos en fábricas. Éramos los obreros: personas que dábamos nuestras vidas para que los propietarios se enriquecieran.

Me di cuenta de que para poder cambiar esta situación no bastaba con que protestara yo. Así no me iban a hacer caso. Ese abuso que sufríamos solo podía cesar si nos dábamos cuenta de que nos pasaba a todos nosotros, no a todos los seres humanos, sino a todas las personas de nuestra clase: los proletarios. Así es que, junto con otras personas, dediqué años y años a enseñar a la gente a ser consciente de que podía cambiar esa situación. Solo teníamos que juntarnos, porque **la unión hace la fuerza**.

Pero como era algo que pasaba en todas las fábricas, en todas las localidades, en todos los países, hacía falta **que la unión fuera internacional**. De este modo lograríamos cambiar esa manera tan poco digna de tratar a las personas, aunque quienes lo hacían no quisieran perder sus privilegios.

Observando a la gente que me rodeaba, yendo a los lugares más pobres y a los más ricos de los pueblos y de las ciudades, también me percaté de algo más. Era una cosa que yo misma había vivido, pero no era consciente de que fuera algo general: las mujeres eran tratadas mal por el hecho de ser mujeres. Y daba lo mismo si estaban en una familia rica o en una pobre, excepto las obreras, que casi no tenían nada, y eran tratadas peor. Por eso mi lucha además se encaminó a lograr la **emancipación de la mujer,** para que pudiera elegir a su pareja y cómo vivir su vida.

1.- ¿Esto quiere decir que, gracias a que nos unimos, logramos que Damián levantara los platos de la mesa?

2.- ¿Qué impide que nos unamos para defender lo que nos parece justo?

3.- ¿Por qué hay gente que abusa de otras personas, aunque sea consciente de que les está haciendo un mal o de que mucha gente estará en contra?

4.- Todo esto me hace sentir... ¿Qué sentimiento sería?

¿Y SI FUERAS TU GRAN OBRA DE ARTE POR HACER?

¿Te ha pasado alguna vez que estuvieras haciendo alguna actividad que te costara y no te importara? ¿Has sentido en algún momento una alegría desbordante realizando cosas, aunque no fueran adecuadas para alguien? ¿Has experimentado vivir con una gran intensidad? ¿Te has sentido como si estuvieras atado, sin poder sacar lo máximo de ti? Intuyo que Nietzsche nos va a venir muy bien ahora, ¿nos vamos a conocerlo? ¡Alcemos el vuelo!

FRIEDRICH NIETZSCHE

Friedrich Nietzsche (1844-1900) fue filósofo, filólogo, profesor y escritor. De familia de pastores protestantes, fue educado por las mujeres de su familia tras la muerte de su padre. Brillante en los estudios, llegó a ser profesor universitario muy joven, aunque no ejerció muchos años. Su salud física y psicológica eran muy precarias, hasta el punto de acabar sus últimos años alternando momentos de locura y de lucidez.

Hay gente que cree que vivir la vida es ser buenas personas, cumplir con lo que deben hacer, pasar incluso desapercibidos. No, **la vida es la oportunidad de ser nosotros mismos en nuestra máxima expresión**.

Pero claro, para poder hacer esto, es muy importante que **aceptemos la vida tal cual es**, con todo lo que ella tiene, bueno y malo. Esto no quiere decir que nos resignemos a lo que venga, sino que entendamos que no podemos anular de la vida lo que no nos gusta, porque esto sería como quitarle el aire o los brazos a un ser vivo.

Cuando evitamos ver lo que nos desagrada, como cuando nos tapamos los oídos mientras nos dicen que hagamos algo que no queremos, y cuando evitamos ver lo bueno de la vida, como cuando nos cuesta aceptar que nos digan cosas buenas de nosotros mismos, estamos negando la vida. Hay que cambiar eso y **decir sí a la vida**, a toda ella.

De esta forma empezaremos a vivir, porque haremos todo aquello que contribuya a que nuestra vida florezca. No solo me refiero a cosas como comer o crecer, sino sobre todo a hacer las cosas que me hagan desarrollar lo que puedo llegar a lograr. Así, **la vida será la máxima expresión de la voluntad de poder**, de todo lo que puedo llegar a conseguir, que tiene que ver con quien soy yo.

Para cada persona puede suponer algo diferente: tocar un instrumento, subir una montaña o estudiar. Sea lo que sea, lo importante es que asumamos ese reto de permitirnos desplegar todo lo que podemos hacer, **convirtiéndonos así en los creadores de nuestras propias vidas**.

Y para que te asegures de que estás viviendo en plenitud, te dejaré una prueba: ¿volverías a repetir tu vida una y otra vez? Si **aceptas el eterno retorno de tu vida**, enhorabuena, vas por el buen camino...

PREGÚNTATE ¿Y POR QUÉ?

1.- ¿Todo lo que me pasa cuando escalo, como disfrutar o hacerme rasguños, tiene que ver con aceptar la vida tal cual es, con lo bueno y lo malo de ella?

2.- ¿Decir sí a la vida supone entonces que tengo que hacer todo lo que me pasa por la cabeza y todo lo que deseo?

3.- ¿Qué pasaría si viviéramos haciendo lo contrario a lo que sentimos e intuimos?

4.- Esto de pensar en mi vida como mi gran obra de arte me recuerda al sonido de un instrumento musical, ¿cuál sería?

SIGLOS XX Y XXI

¿PUEDES CREER QUE ERES BUENA PERSONA AUNQUE ACTÚES MAL?

¿Alguna vez has hecho algo malo por obedecer a alguien? ¿Has sentido que no era tu responsabilidad porque solo hacías lo que se te pedía? ¿Te has metido en un lío por no haber pensado en las consecuencias? Esto me suena a la banalidad del mal de la señora Arendt, ¿quieres conocer lo que decía? ¡Alcemos el vuelo!

HANNAH ARENDT

Hannah Arendt (1906-1975) fue filósofa, profesora y periodista. Sus orígenes judíos marcaron su vida y su filosofía: vivió la época nazi en Alemania, luchó contra el nazismo, fue encarcelada varias veces por ello y finalmente logró exiliarse en Estados Unidos. Se encargó de cubrir el juicio de uno de los responsables del exterminio nazi, proponiendo una razón nueva para explicar el origen de la mayor maldad.

Durante el juicio contra un dirigente nazi que cubrí en Jerusalén, me di cuenta de que para ser los más malvados no tenemos que nacer así ni ser los más egoístas del mundo.

Seguramente más de una vez te has puesto a reflexionar sobre si estaba bien o no lo que estabas haciendo. ¡Seguro que recuerdas tener alguna lucha interna porque una parte de ti decía que sí, que estaba bien, y otra te decía que no! Y quizá hasta has llegado a preguntarles a otras personas para que te ayuden a decidir qué hacer... Esos diálogos internos y con otras personas nos ayudan a pensar, y pensar es necesario para evitar convertirnos en unos robots que hacen el mal sin ser conscientes de ello. Porque para mí **la mayor maldad viene de no pensar**.

Pero hay algo que también es muy importante: **pararse a ver la escena completa**, no solo quedarse con lo que hacemos. ¿Qué quiero decir con esto? Que si solo pienso en hacer bien lo que se me pide y no veo que quizá lo que hago sirve para hacer un mal, estaré contribuyendo a la maldad sin darme cuenta. Si tu amiga te pide que la ayudes a recoger piedras, pero resulta que se las quiere lanzar a otros niños, ¿está mal ayudarla, aunque tú no hieras a nadie?

Lo peor de esto, para mí, es que podemos pensar que no somos responsables del mal al que hemos contribuido, que no podíamos hacer nada, que solo estábamos haciendo lo que nos pedían. Sin embargo, algunas veces, para que algo malo ocurra, hace falta toda una cadena de acciones que nos conduzca a ello. Lo bueno es que la mayoría de las veces **se puede detener si pensamos, y con nuestra fuerza de voluntad corregimos el error**.

1.- Si hubiera pensado en las consecuencias de levantar todos los platos de la mesa y no solo en obedecer a mamá, ¿qué habría pasado?

2.- ¿Algunas veces actuar bien puede tener que ver con hacer mal un trabajo que nos dan?

3.- ¿Qué me puede ayudar a decidir en una situación en la que haga lo que haga voy a provocar algún mal?

4.- Todo esto me parece tan difícil... Si fuera una actividad física, ¿cuál sería?

49

¿TIENE EL MISMO VALOR SER NIÑA QUE SER NIÑO?

 ¿Alguna vez has querido algo mucho, pero te han dicho que eso no es para ti por ser un niño o una niña? ¿O querías pintar un dibujo de un color, pero sentías que quizá se iban a reír de ti porque no era lo adecuado para un niño o una niña? ¿En algún momento has pensado que los niños o las niñas son mejores por ser niños o niñas? Este es un caso claro para la filósofa Simone de Beauvoir. ¡Alcemos el vuelo!

SIMONE DE BEAUVOIR

Simone de Beauvoir (1908-1986) fue filósofa y escritora. Para ella la filosofía era capaz de sacar a la luz lo que somos a través de lo que vivimos. Recibió una educación cristiana muy estricta, y quizá por eso entendió la libertad como la pieza más valiosa e importante del ser humano y dedicó su vida a trabajar incansablemente por los derechos humanos.

Hay personas que piensan que las niñas no solo no hacen lo mismo que los niños, sino que además lo que hacen tiene menos valor. No es nada nuevo, es una idea muy antigua. Pero ¿sabes qué? Creo que esto es porque durante siglos a la mujer no se le ha permitido **trabajar fuera del hogar.** Y sin dinero, hay que depender de alguien, como de papá y de mamá cuando somos pequeños; y entonces parece que somos seres incompletos que necesitan de otros para vivir. **Como si las mujeres fueran el segundo sexo**, porque el primer puesto lo habían ocupado los trabajadores, es decir, los hombres.

Si partimos de esta desigualdad, veo normal que nos comportemos de manera diferente. A nadie del primer sexo le gustará ser confundido con el del segundo sexo, y nadie del segundo sexo se sentirá con el derecho de poder comportarse como los del primero. La incomodidad que sentimos cuando nos comportamos de manera diferente a lo que se espera se aprende desde pequeños, cuando nos educan para que tengamos claro a qué grupo pertenecemos, si al de los niños o al de las niñas. **No nacemos siendo desiguales los niños de las niñas, nos vamos haciendo así**.

Y te preguntarás: ¿cómo nos hacemos así? Yo creo que es a través de lo que elegimos en nuestra vida, aunque primero nos hayan educado de una manera. Cada vez que decidimos hacer una cosa u otra, en cada momento en el que tenemos que poner a funcionar nuestra libertad, nos vamos construyendo en esa desigualdad. **Lo que somos es consecuencia de nuestras elecciones, por lo que podemos elegir ser iguales.**

Me dirás que hay muchas veces que no puedes elegir, que tu papá o tu mamá te dicen lo que tiene que ser o quizá que en tu barrio no hay lo que quieres y te tienes que conformar con otras opciones. Eso es verdad, no tenemos opciones ilimitadas, y algunas veces incluso no podemos ni elegir. Pero pienso que esas cosas que están determinadas por factores externos no son las que luego decidirán quién soy. Recuerda siempre: **no hay que pensar que todo está determinado** cuando la realidad no es así. Hay muchas cosas que podemos elegir y nos hacen ser quienes somos. Para mí **esto es actuar de mala fe,** así que yo siempre animo a todos a que seamos valientes y decidamos con responsabilidad siempre que podamos.

PREGÚNTATE ¿Y POR QUÉ?

1.- ¿Será que nos dijeron esas cosas porque tienen una idea de lo que es ser niño o ser niña y ni lo cumplíamos?

2.- Si no me comporto como un niño o como una niña, ¿cómo sabrán que lo soy?

3.- ¿Que se sepa si soy niño o soy niña es más o menos o igual de importante a que se sepa qué me gusta comer?

4.- Pensando en comer, estas reflexiones me recuerdan a un plato, ¿cuál podría ser?

¿ACTUARÍAS CON JUSTICIA EN ALGO QUE TE AFECTE?

¿Alguna vez has pensado que se cometía una injusticia contra ti, pero que cuando proponías cómo solucionarla te reprochaban que eso era también injusto para la otra persona? ¿En algún momento has pensado que necesitabas la ayuda de alguien que no formara parte del conflicto y que fuera de confianza, como tu papá o tu mamá o tu profe, para solucionarlo de manera justa? El filósofo John Rawls seguro que puede echarnos una mano en esto. ¿Vamos? ¡Alcemos el vuelo!

JOHN RAWLS

John Rawls (1921-2002) fue filósofo y profesor, aunque lo que sin duda marcó más su vida fue el tiempo que pasó como soldado luchando en la Segunda Guerra Mundial. Después de esta experiencia, se hizo ateo, se doctoró en Filosofía Moral y dedicó su vida a pensar en cómo lograr que la justicia reinara en las naciones, pese a la diversidad de opiniones que existe en la faz de la Tierra.

Yo que tengo cuatro hermanos sé muy bien lo complicado que puede ser resolver un problema de manera justa: **lo que es justo para una parte, resulta que no lo es para la otra.**

Entiendo que la libertad es uno de los rasgos más importantes de los seres humanos, y gracias a ella cada persona puede pensar de manera muy distinta. Muestra de ello es que **no siempre le damos el mismo valor a las mismas cosas,** incluso por esto mismo podemos no estar de acuerdo en lo que es bueno o malo.

Que haya justicia, entonces, significa para mí que **todos tengamos unos mínimos iguales para vivir con dignidad**. ¿Cuáles tendrían que ser esos mínimos? Serían los que todos nos imaginamos que deberíamos tener si no supiéramos dónde ni en qué condiciones vamos a nacer. ¿Qué crees tú que sería lo más importante para tener una vida digna?

Yo creo que todo el mundo, al margen de sus diferencias, pensaría en **hacer compatibles dos cosas: la libertad y la igualdad**. Que todos seamos igual de libres, podamos hacer lo que queramos, en igualdad de condiciones.

Pero claro, seguro que te has dado cuenta de que **no todo el mundo tiene las mismas oportunidades,** porque no todos nacemos en igualdad de condiciones.

Me parece que tendríamos que **equilibrar las desigualdades de inicio,** porque no es justo, por ejemplo, que alguien que tenga dinero pueda pagarse las clases particulares de inglés e ir aprobando los cursos, y quien no tenga dinero no lo pueda hacer.

Hay dos grandes **equilibradores para lograr la justicia: repartir mejor la riqueza** para que todo el mundo tenga lo mínimo para vivir **y que todos tengan el mismo acceso a la educación**. Gracias a esto, mucha gente conseguiría tener una vida mejor.

1.- Si mi hermano y yo repartiéramos las palomitas para otros niños y no para nosotros, ¿qué nos parecería más justo?

2.- ¿Puede ser que lo que sea justo para mí no lo sea para todo un grupo, como mi grupo de la escuela?

3.- Y si alguien eligiera ser tratado injustamente, ¿habría que permitirlo?

4.- Esto de la justicia me resulta importante, como otras cosas en mi vida, ¿cuáles serían?

53

¿QUÉ NOS AYUDARÍA A SER MÁS JUSTOS?

 ¿Te ha pasado que no entendieras por qué alguien veía justo algo que tú no? ¿En algún momento has sentido que no sabías qué era lo más justo? ¿Has llegado a creer que tiene que haber alguna forma de hacernos ser personas más justas? Vamos a conocer a Adela Cortina, seguro que nos podrá ayudar con todo esto. ¡Alcemos el vuelo!

ADELA CORTINA

Adela Cortina (1947) filósofa, escritora, catedrática emérita de Filosofía Moral y Política, es miembro de diversas organizaciones vinculadas a la ética (ÉTNOR, Comisión Nacional de Reproducción Humana Asistida, Comité Asesor de Ética de la Investigación Científica y Tecnológica…). Vivió los inicios de la democracia española, lo que la hizo muy consciente de que haría falta construir una ética para todos, tomando en cuenta la pluralidad de España.

Llevo tiempo pensando que, aunque podemos creer que una vida feliz es una cosa distinta para cada persona, que algo sea justo no parece depender de cada uno. Así, hay gente que es feliz teniendo muchos animales domésticos y otras personas lo son dedicándose a investigar. Pero **parece que hay un acuerdo en que ciertas cosas están mal**: como cuando nos enteramos de que alguien lastimó a una persona o que hay gente que no tiene agua potable para beber.

Pero ¿qué hace que eso nos resulte poco ético o injusto? Nos removemos internamente cuando vemos que tratan mal a alguien porque sentimos y sabemos que algo valioso se está despreciando. Eso valioso es **la dignidad: el valor que tenemos, por el simple hecho de ser seres humanos.** Y la dignidad no creo que sea una ficción, como dicen algunas personas. Es una realidad, solo que no la podemos ver, como nos ocurre con la amistad; únicamente notamos las «estelas» que deja.

Si la idea es que podamos construir sociedades más justas por ser las más respetuosas con lo que somos como seres humanos, pienso que deberíamos educarnos también en un sentimiento muy humano: la **compasión**, que nos mueve a acercarnos a las personas que sufren y a tratar de eliminar aquello que les provoca ese sufrimiento. **Gracias a la compasión reconocemos el valor del ser humano** y su **vulnerabilidad,** disponiéndonos a actuar.

Y así, sintiendo y pensando que somos seres dignos y con compasión, logramos partir de una **razón cordial, donde la razón y el corazón se unen.** Una razón que nos ayuda a construir sociedades más justas, en diálogo con el resto de personas.

Pero ¿por qué hace falta **comunicarse con las demás personas con esta razón cordial**? Porque solo así podremos llegar a reducir las injusticias: partiendo de las verdaderas y diversas necesidades, de las auténticas injusticias, de la realidad del día a día donde los seres humanos nos necesitamos mutuamente para poder vivir dignamente.

1.- ¿Mi papá sintió compasión o se dio cuenta de la dignidad de esa persona y por eso actuó así?

2.- ¿Cómo sería un mundo en el que la razón estuviera separada del corazón, de los sentimientos?

3.- ¿Hasta las personas que se comportan con mucha crueldad también tienen dignidad?

4.- Esto de la razón cordial me recuerda a un juego, ¿cuál podrá ser?

¿QUÉ HACEMOS ANTE LA VULNERABILIDAD?

¿Recuerdas algún motivo por el que alguien viera débil a otra persona? ¿Alguna vez has observado a personas que se sintieran frágiles? ¿Has visto en algún momento si había gente que las ayudara? ¿Te has parado a pensar en qué hace que ayudemos a unas personas y no a otras? Creo que tengo la persona adecuada para que nos acompañe a pensar más sobre todo esto, ¿vienes? ¡Alcemos el vuelo!

MARTHA NUSSBAUM

Martha Nussbaum (1947) es filósofa, escritora y profesora. Estudió Lenguas Clásicas y Teatro y es doctora en Derecho y Ética. Su experiencia como actriz, sus años como estudiante discriminada por ser mujer, su estancia en la India y el fallecimiento de su única hija han desarrollado su sensibilidad hacia la vulnerabilidad del ser humano, nexo que conecta toda su obra.

He podido observar a seres humanos muy diferentes. Me maravilla ver lo diversos que somos en nuestro aspecto físico, en nuestros pensamientos, en nuestras emociones, en nuestros proyectos de vida. Pero lo que me sigue preocupando es **cómo conseguir que todos podamos vivir una vida digna, con nuestras diferencias**.

Muchas veces esas diferencias nos hacen vivir situaciones de vulnerabilidad en las que no sentimos que nuestra vida sea buena. Todos pasamos por momentos así: algunas veces nos sucede cuando nos deja de hablar un amigo, otras si estamos enfermos; incluso podemos sentirnos así si no logramos hacer realidad nuestros sueños o si vemos sufrir a algún animal. **Los seres humanos somos seres vulnerables**, pero justamente esto es lo que nos hace ser seres maravillosos, ¡¡¡no somos máquinas!!!

Hay lugares donde se cuida más a las personas que otros. En ciertos países se protege a los niños y niñas y no se les permite trabajar, o la gente puede pasear por la noche sin miedo a que la lastimen. Me dirás que todo el mundo tiene derechos y que esto debería ser siempre así, pero **aunque tenemos derechos, no todos tenemos las mismas posibilidades de ejercerlos**.

Después de reflexionar mucho, me di cuenta de que era importante pensar en **cómo conseguir esa justicia en cualquier parte del mundo**. Y creé un listado de esas condiciones necesarias para que nuestros derechos puedan ser reales.

Además me percaté de que hacía falta pensar y **potenciar desde los gobiernos hasta las emociones que nos pudieran ayudar a que sostuviéramos esas condiciones**, creando, por ejemplo, espacios que favorecieran el encuentro y la ayuda entre las personas. Como cuando una mamá o un papá ayudan lo más que pueden a sus hijos para que logren cumplir sus sueños. Así, tras observar por ejemplo a las familias, llegué a la conclusión de que **la emoción más importante que habría que fomentar es el amor**, capaz de hacernos dejar nuestro egoísmo a un lado y trabajar unidos por lograr que otra persona consiga una vida buena como nosotros.

PREGÚNTATE ¿Y POR QUÉ?

1.- ¿Lo que me movió a preocuparme por cómo ayudar a mi amigo fue el amor hacia él?

2.- Si sintiéramos amor por todas las personas del mundo, ¿lograríamos crear muletas diferentes para todos nuestros momentos vulnerables?

3.- ¿Es realmente posible que sintamos amor por todas las personas o por todos los seres vivos de la Tierra?

4.- Esto de conseguir la justicia en todo el mundo me hace imaginar un cuento, ¿cómo sería?

¿SALVAMOS LA TIERRA O VIVIMOS EN LA REALIDAD VIRTUAL?

¿Alguna vez has querido saber por qué dicen que la Tierra está enfermita y que hay que cuidarla, como si fuera un ser vivo? ¿En algún momento te has preguntado por qué tratamos mal a la Tierra? ¿Has pensado que quizá es tiempo de buscar otros lugares para vivir, tal vez en otros planetas o en otros formatos, como el mundo virtual? Entonces es hora de conocer a Vandana Shiva, seguro que te va a sorprender. ¡Alcemos el vuelo!

VANDANA SHIVA

Vandana Shiva (1952) es filósofa, escritora y doctora en Ciencias Físicas. Tuvo varias experiencias que enriquecieron su conciencia ecológica, como ver arrasado un bosque que conocía desde pequeña. Su formación y vivencias han fortalecido su compromiso con las mujeres y los pueblos indígenas, además de su lucha a favor de la Tierra contra las compañías más poderosas del mundo.

No, yo me niego a vivir en otro lugar. Hay gente que está buscando otros planetas para vivir, pero no los encuentra. Y si hubiera alguno, ¿cuántas personas podrían viajar hasta allá? Tampoco quiero terminar viviendo en un mundo virtual o teniendo que crear una nueva especie de seres humanos, como dicen los transhumanistas, porque no sepamos vivir en la Tierra. **Yo acepto el reto de vivir en la Tierra porque sé cómo hacerlo: amándola**.

Quizá te suene extraño esto que te digo, pero piénsalo: la razón por la que la Tierra no está bien es porque desde hace siglos creímos que nos pertenecía, que éramos diferentes y superiores a ella. Nos olvidamos de que somos naturaleza, **somos parte de la Tierra, no algo diferente**.

En los últimos tiempos hemos dejado atrás la gran sabiduría que habíamos acumulado sobre la Tierra y que todavía reside en muchos pueblos indígenas, aquella en la que se ve a **Gaia, la Madre Tierra, como un organismo vivo**, capaz de autorregularse para seguir viviendo. ¿Has escuchado que ahora hace más calor que antes en verano como consecuencia de todos los gases que emitimos con los coches, las fábricas, las calefacciones...? ¿Has observado cómo algunos animales se acercan a lugares donde antes nunca se les veía porque ya no tienen comida? Todos los seres vivos y la Tierra en general cambian sus costumbres para poder sobrevivir, buscan volver al equilibro.

Vamos a verlo de otra forma: ¿qué hace que tú puedas vivir? Si no tuvieras alimentos, no podrías vivir. Si no tuvieras oxígeno, no podrías respirar. Si no tuvieras agua, tampoco resistirías muchos días. Y te digo algo más...: ¿sabes que cerca del 90 % de nuestro cuerpo son bacterias y microbios que nos ayudan a vivir? **Todo lo que sostiene tu vida proviene de la Tierra**.

Quizá me digas que también hay personas que te cuidan y te ayudan a vivir. Es cierto. La vida se sostiene también gracias a las mujeres. ¿Y por qué hablo sobre todo de ellas y no de los hombres? Porque si te paras a observar lo que ocurre a tu alrededor y en otros países, verás que en general quien se sigue encargando de cuidar es la mujer. No es porque nazcamos así, es porque nos han educado así, pero lo cierto es que, por ahora, eso hace de l**as mujeres las grandes sostenedoras de la vida junto con la Tierra**. Y ser conscientes de todo esto creo que es clave para mejorar nuestra situación.

PREGÚNTATE ¿Y POR QUÉ?

1.- ¿Esto quiere decir que al golpear el arbusto estaba pegándole a un ser vivo?
2.- ¿Si cuido todo lo que me rodea y me cuido a mí, entonces, cuidaré también a Gaia?
3.- ¿Por qué cuidar la Tierra es mejor que transformarnos en una especie que pueda sobrevivir incluso en las peores condiciones?
4.- Me ha gustado pensar en este problema, tanto como, ¡ay! ¿Como qué?

Esta obra se terminó de imprimir
en el mes de enero de 2025,
en los talleres de Litográfica Ingramex, S.A. de C.V.,
Ciudad de México.